Első Képes Szótár
Állatok

First Picture Dictionary
Animals

Malac
Pig

Pillangó
Butterfly

Nyúl
Rabbit

Róka
Fox

Illusztrálta: Anna Ivanir

www.kidkiddos.com
Copyright ©2025 by KidKiddos Books Ltd.
support@kidkiddos.com

All rights reserved. No part of this book may be reproduced in any form or by any electronic or mechanical means, including information storage and retrieval systems, without written permission from the publisher, except in the case of a reviewer, who may quote brief passages embodied in critical articles or in a review.
First edition, 2025

Library and Archives Canada Cataloguing in Publication
First Picture Dictionary – Animals (Hungarian English Bilingual edition)
ISBN: 978-1-83416-573-8 paperback
ISBN: 978-1-83416-574-5 hardcover
ISBN: 978-1-83416-572-1 eBook

Vadállatok
Wild Animals

Tigris
Tiger

Elefánt
Elephant

Oroszlán
Lion

Zsiráf
Giraffe

✦ *A zsiráf a legmagasabb szárazföldi állat.*
✦ A giraffe is the tallest animal on land.

Majom
Monkey

Vadállatok
Wild Animals

Víziló
Hippopotamus

Panda
Panda

Róka
Fox

Orrszarvú
Rhino

Szarvas
Deer

Jávorszarvas
Moose

Farkas
Wolf

✦ *A jávorszarvas remek úszó, és víz alá merülve növényeket eszik!*
✦ A moose is a great swimmer and can dive underwater to eat plants!

Mókus
Squirrel

Koala
Koala

✦ *A mókus elrejti a diókat télre, de néha elfelejti, hová tette őket!*
✦ A squirrel hides nuts for winter, but sometimes forgets where it put them!

Gorilla
Gorilla

Háziállatok
Pets

Kanári
Canary

Tengerimalac
Guinea Pig

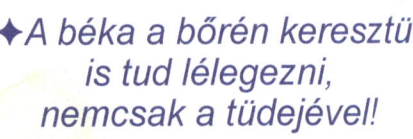
✦ *A béka a bőrén keresztül is tud lélegezni, nemcsak a tüdejével!*
✦ A frog can breathe through its skin as well as its lungs!

Béka
Frog

Hörcsög
Hamster

Aranyhal
Goldfish

Kutya
Dog

✦ Néhány papagáj képes szavakat utánozni, sőt még emberként nevetni is!

✦ Some parrots can copy words and even laugh like a human!

Macska
Cat

Papagáj
Parrot

Állatok a farmon
Animals at the Farm

Tehén Cow

Csirke Chicken

Kacsa Duck

Bárány Sheep

Ló Horse

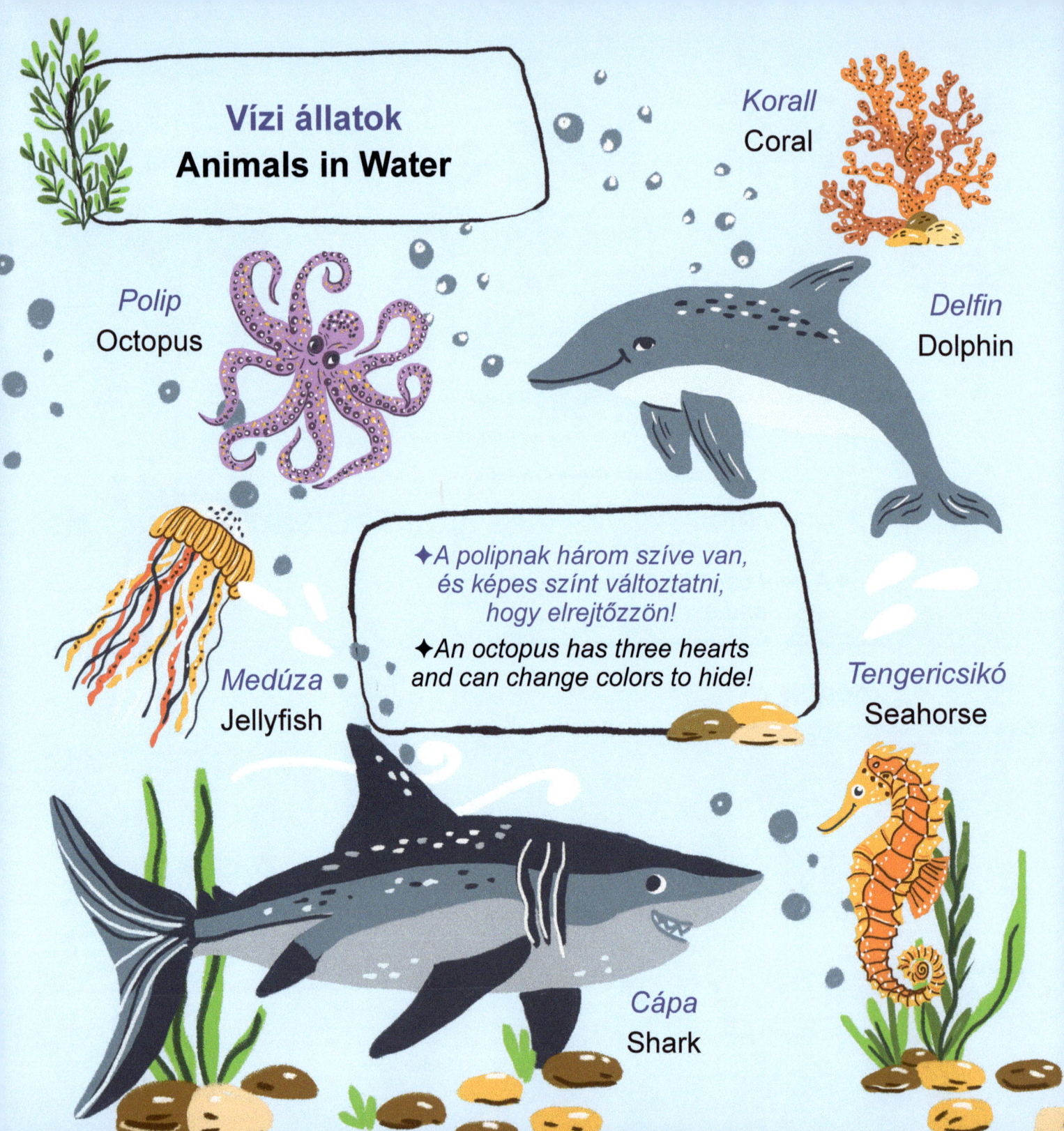

Szúnyog
Mosquito

Szitakötő
Dragonfly

◆ *A szitakötő az egyik legősibb rovar a Földön, még a dinoszauruszok előtt jelent meg!*
◆ A dragonfly was one of the first insects on Earth, even before dinosaurs!

Méh
Bee

Pillangó
Butterfly

Katicabogár
Ladybug

Kis állatok
Small Animals

Kaméleon
Chameleon

Pók
Spider

✦ A strucc a legnagyobb madár, de nem tud repülni!
✦ An ostrich is the biggest bird, but it cannot fly!

Méh
Bee

✦ A csiga a házát a hátán hordja, és nagyon lassan mozog.
✦ A snail carries its home on its back and moves very slowly.

Csiga
Snail

Egér
Mouse

Csendes állatok
Quiet Animals

Teknős
Turtle

Katicabogár
Ladybug

✦ *A teknős szárazföldön és vízben is képes élni.*
✦ *A turtle can live both on land and in water.*

Hal
Fish

Gyík
Lizard

Bagoly
Owl

Denevér
Bat

✦ *A bagoly éjszaka vadászik, és a hallását használja, hogy megtalálja az ételt!*
✦ An owl hunts at night and uses its hearing to find food!

✦ *A szentjánosbogár éjszaka világít, hogy megtalálja a többi szentjánosbogarat.*
✦ A firefly glows at night to find other fireflies.

Mosómedve
Raccoon

Madárpók
Tarantula

Színes állatok
Colorful Animals

A flamingó rózsaszín
A flamingo is pink

A bagoly barna
An owl is brown

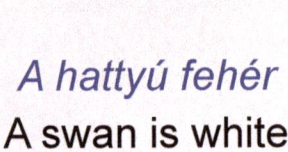

A hattyú fehér
A swan is white

A polip lila
An octopus is purple

A béka zöld
A frog is green

✦ A béka zöld, így el tud rejtőzni a levelek között.
✦ A frog is green, so it can hide among the leaves.

Állatok és kicsinyeik
Animals and Their Babies

Tehén és Borjú
Cow and Calf

Macska és Kiscica
Cat and Kitten

Tyúk és Csibe
Chicken and Chick

✦ *A csibe már a kikelés előtt „beszél" az anyjával.*

✦ *A chick talks to its mother even before it hatches.*

Kutya és Kölyök
Dog and Puppy

Pillangó és Hernyó
Butterfly and Caterpillar

Juh és Bárány
Sheep and Lamb

Ló és Csikó
Horse and Foal

Malac és Kismalac
Pig and Piglet

Kecske és Gida
Goat and Kid

www.ingramcontent.com/pod-product-compliance
Lightning Source LLC
LaVergne TN
LVHW072101060526
838200LV00061B/4783